우리의 공정(公正)

우리의 공정(公正)

초판 1쇄 발행일 2022년 12월 22일

기획/편집 이윤정
디자인 워크뷰로(workbüro)
교정 박주용

펴낸곳 웨잇(wait)
펴낸이 이윤정, 장원석
출판등록 2022년 10월 4일 제2022-000101호
주소 04627 서울시 중구 퇴계로28길 20-1
전화 02-2274-2265
팩스 0504-375-5275
전자우편 wait@waitseoul.com
홈페이지 waitseoul.com

©이윤정 외 2022
ISBN 979-11-981225-7-5 03330

이 책의 판권은 출판사 웨잇(wait)에 있습니다.
서면 동의 없는 무단 전재 및 복제를 금합니다.

우리의 공정(公正)

what am i talking

wait

서문

이 책은 궁금증에서 비롯되었다.

사람들은 어떻게 생각하고 있는가.
사람들은 왜 이렇게 행동하고 있는가.
사람들은 무엇을 위해 저렇게 말하는가.
그리고 그들의 생각과 말 그리고
행동이 일치하고는 있는가.

물론 특정한 주제, 현상에 대해서이다.

갈수록 많아지는 매체와 채널은
이 궁금증을 해소하기에는 너무
편향적이었고, 가장 일상적인 SNS를
통해 접한 여러 의견들은 가볍지
않음에도 휘발되기 쉬웠다.

(公正)

이 궁금증을 해결하려면 방법은 하나다.
직접 물어보는 것.

하지만 이것이 가장 어려운 일이다.

자신의 의견을 다양한 방식으로
표현하는 것에 능통한 사람들이
많지만, 사회적 민감도가 높은 주제에
대해 말하는 것을 피하고 싶어하는
사람들도 많으니까.

그럼 어떻게 물어보지?

우리의 공정

온라인 설문지로 물어보자. 간단하지만
무엇이든 말할 수 있게.

what am i talking about '공정'

스튜디오이자 출판사인 '웨잇'(wait : what am i talking)에서 기획 중인 '오늘' 프로젝트(가제)를 여러분과 함께하고 싶습니다.

이 프로젝트의 첫 시작은 '공정'(公正, justice, fairness)을 주제로 한 단행본으로, 요즘 이슈 중의 하나인 '공정'에 대한 우리의 생각이 어떤지 한번쯤 고민해보고, 서로의 의견도 알아보고자 합니다.

이 단행본은 해당 질문에 대한 여러분의 답변을 편집하여 제작할 예정이며, 12월 출간을 목표로 두고 있습니다.

그리고 매해의 키워드를 선정하여, 매년 '오늘' 프로젝트를 이어나갈 예정입니다.

판매 수익금은 비영리단체에 기부할 예정입니다.

'공정'에 대한 본인의 생각을 설명해주세요.
사전적 정의보다는 본인의 생각이나 상황을 예를 들어 설명해주시면 좋을 것 같습니다.
(형식에 구애받지 않고 자유롭게 써주시면 됩니다.)

―――――――――――

성명*
책에 표기되는 이름입니다. 실명 게재가 어려우면 닉네임도 가능합니다.

―――――――――――

출생년도*
질문에 대한 생각을 연령대별로 알기 위함입니다. 책에 표기됩니다.

―――――――――――

직업*
책에 표기됩니다.

―――――――――――

연락처*
책에 관련된 소식을 전할 수 있는 연락처이자 출간된 책을 보내드릴 때 사용하려 합니다.

―――――――――――

주소*
책이 출간되면 해당 주소로 책을 보내드립니다.

―――――――――――

제출

주제는 공정(公正)이다.
올해가 이 키워드로 시작되었다고
생각될 정도로 많이 회자된 주제이다.

사람들이 '공정'에 대해 어떻게
생각하고, 얼마나 거기에 민감한지,
그리고 이 주제에 대해 자신을
솔직하게 드러낼 수 있는지가 궁금했다.

72명의 사람들이 인터뷰이로 참여하여,
다양한 방식으로 생각을 표현해주었다.

깊게 고민한 이 생각들이 글이 되고
말이 되어, 이 말에 힘이 생기는 것.

그리고 이 생각들을 접한 다른
사람들에게도 고민할 시간을 주는 것.
그 후에는 이들의 생각도 말할 수 있게
되는 것.

이것이 이 책의 지향점이다.

물속에서 한참을 헤엄칠 때, 내가
얼마만큼 나아갔는지를 모를 때가 있다.
그럴 땐 잠깐 멈춰서 물의 방향에 나를
맡겨보면, 그동안의 내 움직임으로
조금씩 앞으로 나아가고 있었다는 것을
알 수 있다.

무언가를 꾸준히 생각하고 노력해서
행동한다면, 당장은 인지할 수 없지만
우리는 분명히 앞으로 가고 있을
것이다.

앞으로도 매해 하나의 주제를 선정하여
'우리의 OO'을 출간할 예정이다.

이윤정

예문 | 음아늑가/변여가 | 1987

살아가면서 하게 되는 여러 선택을 할 수 있는 기회. 그리고 그 선택에 맞춰 노력할 수 있는 환경(혹은 배경)과 기회의 조화.

| 이난수 | 1985 | 기획자/활동가 |

어느 한쪽이 다른 한쪽을 착취하지 않고도 유지되는 상태를 우리는 비로소 공정하다고 말할 수 있을까. 이들이 간절히 바라는 건 동종자가 누구를 '더불어', 어느 한쪽을 착취해 이득을 취하지 않는 것.

무론, 본립이도생   1968   자영업자

나에게 공정의 의미는 시대에 따라 달랐던 것 같습니다. 대학생 시절의 공정은 옳고 그름, 즉 정의로운가 그렇지 않은가의 의미가 컸다고 생각합니다. 그리고 회사 조직 생활에 한창이던 중년 시절에는 이해 상충 속에서 합리적으로 판단하는 것이 좀 더 공정할 것이라고 보았습니다. 요즘에 들어서 공정은 균형 있는 사회로 가는 디딤돌이라고 생각합니다. 간혹 공정이라는 말을 자기 합리화에 사용되는 경우가 있지만, 이것 또한 균형을 잡아가는 과정이 아닐까 합니다.

터프팅 러그 스튜디오 loopandcut 운영자

1976

사전적 의미의 공정함은 '공평하고 올바른'이다. 이 얼마나 어려운 말인가. 공평하고 올바른 가치를 실천한다는 것.

때때로 우리의 공정함은 각자의 상황에 따라 컬러가 변한다. 상황에 맞춰 개개인에게 이로운 판단을 하고 그걸 공정하다고 믿고는 한다. 적어도 나는 그렇다. 고쳐야 하는데.

내가 하는 터프팅이라는 장르는 기계를 이용해 러그를 만드는 것이다. 아랫면으로 실을 넣어 윗면으로 실이 올라오게 만드는 방식으로 전동 공구를 이용해 전통적인 러그 제작을 한다고 생각하면 편하다.

엄현철

터프팅 기계를 이용해 한 장의 러그를 만들 때 가장 중요한 부분이 간격과 속도다. 간격은 실 한 줄과 다음 실 한 줄의 거리를 말하고, 속도는 내가 움직이는 속도를 말한다. 이 두 가지가 러그의 텍스처를 결정한다.

아랫면에서 똑같은 간격과 속도를 유지해야만 윗면의 텍스처가 균일하게 나오는데, 작업의 사이즈와 상관없이 간격과 속도를 유지하는 건 쉬운 일이 아니다. 간격이 너무 좁으면 실이 엉켜서 러그가 아스팔트처럼 단단해지고, 속도가 너무 느리면 공간 대비 실이 너무 많이 들어가 러그가 휘어지기 시작한다.

균일하게 실을 넣는 것, 공평하게 실을 나눠서 넣는 것, 공정하게 사고하고 행동하는 것. 어떻게 보면 비슷한 것 아닐까. 조금만 잘못하면 균형이 깨지고 균형이 깨지면 좋지 않은 결과가 나오기 마련이니.

적어도 내가 보기에 공정함은 기본적 소양이 아닌 꾸준히 갈고 닦아야 하는 기술에 가까운 것 같다.

이정은 1983 텍스타일 디자이너

□□○○○□○○□□□○○□○□□○□○○○□
○○□□□○□□○○○□□○□○○□○□□□○

주부

1974

김은경

바뀌지 않는 올바름이라 생각했지만, 나이가 들수록
시대적인 배경이나 나와의 관계에 따라 달라지는 상대적인
개념이라 생각됩니다.

싱어송라이터

1997

공정만큼 현재 세대에 힘이 강한 단어가 있을까.

믿을 만한 대기자의 권위있는 해설기사로 다음 세상을 만들어갈 수 있지 않을까 생각해본다.

유벌

어디라도 덧붙일 수 있으니 무기로 쓰일 수 있고, 쉽게 요구할 수 있는 것이 공정이다. 그만큼 공정이라는 말을 사용하기에 앞서 공정이 무엇인지 생각해 봐야 한다. '공정'이라는 단어가 윤리적인가?

조예진　　1984　　디자이너

우리가 온·오프라인상에서 매일 접하는 정보 접근성이

공정한지에 대해

(개인적으로) 많이 고민하는 한 해를 보냈다. 그래픽 디자이너로서 꽤 오랫동안 시각에 의존한 결과물을 주로 생산해왔으나, 이로부터의 접근이 제한될 수밖에 없는 저시력자 및 전맹을 포함한 모든 시각장애인의 정보 격차를 인지하기 시작하면서 그들의 물리적, 심리적 접근성을 높일 수 있는 환경 구성에 관해 연구하기 시작했다. 누구나 이성적으로는 '공정'이라는 개념 혹은 가치를 마땅하고 당연하다고 생각하지만, '다수'에 의해 묵인되고 마는 냉혹한 현실을 마주하며 실제로 공정을 구현하기란 얼마나 힘든 일인지 그 어려움을 절감하게 된다.

음악 콘텐츠 제작 및 유통 기획자

1975

김호준

자본주의
사회에서
대부분의
사람들이
맥시멈을 향해
달려갈 때,
미니멈이란
선을 긋는
것이라
생각합니다.

오승열 1981 미술작가

나와 남의 관계를 원활하게 유지시켜주는 거

리
또는 예

의

라고 생각한다. 서로를 위함도 있겠지만, 자신이 보호받고 있음을 느끼며 만인이 공통된 도덕적 관점에서 안전함을 유지할 수 있음을 느끼는 것.

홍제독

싱어송라이터

1984

공정의 기회,
기회의 공정

시골로 이사한 후 언덕 위 막다른 길에 있는 집을 오르내릴 때면 1미터 남짓한 줄에 매여 농막을 지키는 강아지를 만난다. 눈이 오는 추운 겨울이나 햇살이 내리쬐는 더위에도 큰 선택지는 없어 보인다. 그 강아지는 오가는 사람들의 소식을 짖음으로 알려주고, 반려견과 산책하는 우리를 향해 짖기도 한다. 최근까지 내가 살던 도시에선 잘 목격하지 못했거나 가려져 있던 장면이었으리라 짐작된다. 함께 사는 반려견의 리드 줄을 잡고 그 앞을 지나칠 때면 '기회'에 대하여 생각한다. 공정 그 자체에도 기회가 있는 것일까, 그 기회는 모두에게 균등하게 주어지는 것일까. 공정의 기회, 기회의 공정. 이 허구적 단어는 스스로와 끊임없이 대화한다. 인간에게만 국한된 이 허구적 단어는 내 쓸모에 대하여 그리고 상대의 쓸모에 대해 정의한다. 인간을 제외한 생명체들은 이 '쓸모'에 대해 고민하지 않을 거라 생각한다. 공정, 공평 혹은 정의는 오직 인간만을 위한 장치이다. 이 이상적 허구의 힘으로 환원된 에너지는 우리가 올바르다 생각하는, 각자 최소한의 균등을 지키며 그 거울을 깨트리지 않고 삶을 살아가는 근본적인 원동력이 되어야 한다. 공정이란 아주 작지만 단단하며 인간임을 구분 짓고, 가끔은 거대해지기도 하는 상대를 '대하는' 거울 같은 것이다.

진문희　　1982　　회사원

나
또는
내
주위
사람들이
중심이
되는 것이
아니라,
보편적인 기준으로
판단하려고
최소한의
노력은
기울여야
하는
것.

이광 1986 예술가

모쪼록 공정하기 위해서는 먼저 더욱 다양한 사람들의 삶의 형태가 가시화되어야 한다고 생각합니다. 그러면 '내가 아는 것 빼고는 다 모른다'는 자세로, 사람들이 아직은 모르고 있는 사람들의 시간과 삶의 형태를 보고 듣고 배우고 더 많은 데이터를 축적한 뒤에 무엇이 공정한가를 논해야 하지 않을까 합니다.

음악가

1983

이상민

'공장'이라는 것을 생각했을 때
가장 먼저 떠오를 것은,
피아니스트들에게 수명과도 같은
J. S. Bach의 '평균율 Das
Wohltemperierte Klavier
(The Well-Tempered Clavier)'의
'Preludes and Fugues'

이 작품은 24개의 모든 조성에
걸쳐 작곡된 대작으로,
각 곡은 단순히 선율과 반주로
구성되지 않았고 모든 성부가
독자적이고 독립적으로
노래된다.

그리고 어느 한 성부에
치우침 없이 모든 성부가
독립적으로 표현되고 균형을
이루고 있기 때문에 이 작품이
가장 기본이면서 가장 어려운
곡으로 평가된다.

방송 PD

1981

문신애

우리의 신화들은 기어이 살아남아
제 영묘를 재건하는 데 쓰일
망각의 돌 앞으로
우리를 되돌려 보냈다

우리는 신화들을 이어갈 청춘이 아니다
신화들을 부르짖는 과거도 아니다
비록 그것이 역사처럼 견고하고 자명하다 한들
우리는 깨지기 쉬운 미래 안에서 스스로 단련하고 싶다

— 후아나 비뇨치* <끝에 있는 것은 종이 맹수들인가?> 전문 인용

---

* 아르헨티나 시인. 주요 작품으로는 <세상의 법, 당신의 법>, <끝에 있는 것은 종이 맹수들인가?> 등

손동호   1983   디자이너/기획자

무엇이 공정할까 생각해보니 그런 게 있나 싶다. 어디에나 예외는 생긴다. 사회는 그리고 우리는 공정한가? 공정이란 단어는 부정적인 것까지 포용하고 있어 애써 더러움을 드러내지 않는다. 나이도 성별도 능력도 공정하지 않다.

우리 모두 디폴트 값부터 다르다.

시인

1987

고사리

동일한 조건은 불가능하다.

공정은 이 불가능성을 직시하고 그저 있을 뿐인 차이를 살피는 일에서 시작하는 것이다.

벽을 부수고 싶어 하는 사람과 같은 땅에서 같은 신발을 신고 서 있는 게 중요하다고 생각하는 사람, 차라리 누워 있는 게 낫겠다고 자포자기한 사람

모두가 같은 땅을 밟고 있도록 하는 것이 아니라

같은 전망을 볼 수 있도록 하는 것이다.

자영업자

1981

하바드

대체로 존재하지 않는, 존재할 수 없는 것 같습니다. 가족, 부부, 연인끼리 싸우는 대부분의 이유는 서로가 공정하지 않다고 느끼기 때문인데, 그걸 보면 인간은 공정함을 내세우면서도 그게 대체로 타인에 의해 지켜지지 않는다는 감각을 갖고 있는 듯합니다. 공정이라는 말을 내세우는 이들이 실제로는 얼마나 공정하지 못한지 보면 더욱 그런 확신이 듭니다.

SAM 1982 작업자/디자이너

무엇이 삶을 풍요롭게 하는가를 물은 2021년 조사에서

대한민국에서 1위로
꼽힌 것은 '물질적 풍요' 였다는 것을
'공정'이라는 키워드와 연관 지어
생각해본다.

물질적 풍요와 공정함은 공존 가능한가?

만일 공정함이 물질적 풍요와 같이 정량적 측정이 가능하다면

공정함에 대한 점수를
어떤 카테고리에서 몇 점 정도로
측정할 수 있을까?

회화가

1984

바흐민

COFFEE

AND

CHOCOLATE

커피와 초콜릿의 관계처럼 타협된 공정의 맛은 저항할 수 없게 달콤하다. 건전한 공정함은 모든 당사자들의 합의된 불편이 요구되는 다차원적 고려를 통해서만 이뤄질 수 있다. 이것은 우리 중 몇몇이 애쓰는 것이지만, 항상 승자가 있으리라는 것을 무시하기는 어렵다.

신명주 · 1998 · 마케터

13살, 무한대 개념을 배웠습니다. 무한대를 함수로 표현하면 끊임없이 나아가면서 커지는 값을 뜻합니다. 가령 1, 2, 3 ..., 으로 점점 커지는 함수가 있다면, 함숫값은 영원히 커지기만 할 뿐 도달할 수 있는 값이 없습니다. 시간이 흐를수록 나아지긴 하지만, 결국 무한대와 닮았습니다.

한상철 1983 프리랜서

"이 세상에서 가장 정의로운 것(fairest)은 죽음이야. 아직 누구도 비켜가지 못했어. 땅은 거절하는 법이 없지. 착한 사람도, 나쁜 사람도, 죄인도 받아들이지. 그것 말고는 이 세상에 정의란 없어. 나는 평생토록 열심히, 그리고 정직하게 일했어. 양심적으로 살았어. 하지만 정의는 나를 찾아오지 않더라. 신이 정의를 나눠주다가 내 순서가 되니 더 남은 것이 없었나보다. 젊을 때는 죽을 수도 있지만 늙으면 죽어야 해. 왕도, 부자도 죽지. 불사신 같은 사람은 없어."

— 스베틀라나 알렉시예비치* <체르노빌의 목소리> p.58

---

*   벨라루스 작가. 주요 작품으로는 <전쟁은 여자의 얼굴을 하지 않았다>, <체르노빌의 목소리> 등

싱어송라이터

1993

단

어떤
저울에도
올라서거나
　　　　올려
　　세우지
않고
평지 위에
다 같이 서는
일.

주부

1986

정지혜

공정이란 단어를 듣자마자 떠오른 그림이 있습니다.

> 키가 다른
> 세 명의 아이가
> 울타리를
> 사이에 두고
> 야구경기를
> 관람하는
> 그림인데요.

서로
키가 다른
아이에게
각자의 키에 맞는
발 받침대를
놓아주는 것에
많은 생각을
했습니다.

> 공정은
> 출발선상에서
> 똑같은
> 조건에 놓여질 수
> 있게 기회를
> 줄 수 있는
> 환경이 아닐까라는
> 생각을
> 해봅니다.

회사원

1979

땡가이퍼

사실 잘 모르겠어요. '공정'이란 단어를 떠올렸을 때, 마이클 샌델이 떠오릅니다. 막상 그 책은 안 읽어봤지만요. *Justice*란 책은 읽어봤는데 공정과 정의, 뭐 이런 단어들은 저에게 다 비슷하게 다가오네요. 적확하게 구분해보라면 자신은 없어요. 아, 그리고 인터넷에서 본 일러스트 같은 것도 떠오르네요. 높은 담벼락 너머를 보기 위해서 누군가는 태어날 때부터 부모님 어깨 위에 올라가서인지 높은 단이 이미 마련되어 있어서인지 쉽게 담 너머를 볼 수 있는데, 누군가는 그런 받침이 없어서 담 너머를 볼 수 없는 그림이었어요. 진짜 평등(그러고 보니 평등과 공정도 비슷한 듯. 저로서는 적확한 구분으로 설명할 자신이 없네요.)은 모두가 담 너머를 볼 수 있도록 강자와 약자에게 다른 지원이 필요하다는 것으로 이해했어요. 키워드가 주는 느낌처럼 멋진 말은 적지 못했지만, 이 정도가 저의 생각인 것 같습니다. 앞으로 책 좀 읽어야겠어요. 헤헤.

보통의 사람   1984   디자이너

처음 이 질문을 받았을 때 공정의 사전적 정의를 다시 찾아보았다. 그리고 스치듯 몇 개월 전 모두의 주목을 받으며 인기 속에 종영한 드라마가 떠올랐다. 그 드라마 속 인물의 대사는 어쩌면 우리가 모르는 사이 마음 깊은 곳에 자리잡은 공정을 향한 시선이 담겨 있던 것은 아니었을지 다시금 돌아보게 된다.

> 공정을 떠올리면 자연스럽게 공평, 평등, 정의 등의 단어들이 함께 생각난다. 이 차이를 설명할 때 키가 다른 세 명의 사람이 나무 상자를 밟고 담장 너머의 야구 경기를 보는 장면의 그림이 자주 등장하는데, 이 그림을 처음 보았을 때 그동안 내가 정말 공정한 사고를 해왔는지 부끄러워졌던 기억이 있다.

공평하고 올바름의 기준은 각자 다를 것이다. 그렇기에 모두가 만족하는 '공정'이라는 것이 존재할 수 있는 것인지 질문해보게 된다. 일상생활 가까이, 사소하게는 함께 사는 이와의 집안일에서조차 공평하기란 쉽지 않다. 공평하고 올바른 기준점을 항상 '나'에게 두었던 것은 아니었을지… 진정한 공평과 올바름에 대해 생각해보게 된다.

자영업자

1985

November

얼마 전 우리나라 교육과 관련한 기사에 달린 "공정하다는 착각"이라는 댓글을 보고 '공정하다는 것'에 대해 다시 한번 생각해본 적이 있었다.

기사의 내용은 최상위 대학 합격생 배출 지역에 관한 내용이었는데, 마이클 샌델의 책 제목과 같은 저 댓글 하나가 기사의 모든 것을 설명해주는 느낌을 받았다.

공정한 수단으로 '시험'이라는 제도가 있지만, 더 이상 시험은 모두에게 공정한 기회를 제공하지 않는다는 것은 우리 모두가 알고 있을 것이다.

개인적인 생각으로 '공정'은 '공평'보다 설명하기도, 지키기도 굉장히 힘든 단어이자 제도이며, 불공정한 경쟁을 공정성으로 착각하는 오류를 범하지 않기 위해 우리 모두가 꾸준히 고민해야 한다고 생각한다.

이존용   1976   회사원

공정은 희망의 기회라고 생각합니다.

모두에게 주어질 수 있는 기회가 각자에게 균등하게 나누어지는 것이 공정이라고 생각됩니다.

그 무엇을 하던 우리가 누리는 모든 것들이 누구나 누릴 수 있는 기회. 물론 그 기회를 잡는 사람도 있고 놓치는 사람도 있고 그냥 지나쳐 보내는 사람도 있듯이 현실적으로는 누구나 가질 수는 없겠지만, 우리가 희망을 잡기 위해 노력하는 모든 것들이 공정을 위한 것이라고 생각됩니다.

수학 강사

1995

평학

현대사회에서의 공정이란 말은 독이 든 사과와도 같다. 정의로움에 대한 관철이 부족한 채로 기회의 평등과 절차적 공정을 외치는 것은 결과적으로 차별을 심화시킨다. 오늘날 사람들은 단순히 동일한 기회를 제공하는 것이 공정의 시작이라고 이야기한다. 공정의 사전적 의미는 '공평하고 올바름'이다. 단순히 기회의 평등이라는 의미를 떠나, 올바르다는 도덕적인 가치가 결합되어야 진정한 공정이 실현되는 것인데 많은 사람들이 이를 오독하고 단순히 산술적으로 같은 기회가 주어지는 것이 공정이라고 생각한다. 잘못된 이해 속에서 공정을 부르짖는 것은 우리 사회의 차별을 심화시키고 서로를 더욱 불신하게 한다. 우리는 단순히 같은 스테이지에서 모두가 시작하는 '한국식 공정'이 아닌 윤리적 판단이 개입되어 좀 더 많은 이가 행복할 수 있는 새로운 의미의 공정에 대해 생각해보아야만 한다.

이영훈

1979

수영 강사

세상은 강자의 입장에서 더없이 공정하지만, 약자의 입장에서는 한없이 불공정하게 느껴집니다. 비교적 공정한 스포츠 경기라 해도 나이별, 체급별로 나뉘는 것이 최선이지만 모두를 만족시킬 수는 없습니다. 그러므로 공정한 세상을 원하기보다, 불합리함을 당하지 않을 만큼의 힘을 기르는 것이 우선이라고 생각합니다.

송인호

1976

펭귄사

'공정'은 '절차의 공정'과 같이 거래 관계에서만 통용되는 의미는 아닐 것으로 생각하고 있고, 회사, 가정, 친구 등 사회적 관계에서 직위, 수입 등에 의해 차이를 두지 않아야 한다는 개념으로 생각하고 있습니다. 즉, '공정'은 특정 조직/공간 내에서 의사 표현이 자유로운 상태이면서 의사결정을 함에 있어 본인도 기여할 수 있다는 기대감이 조성된 상태로 생각하는 것입니다.

크리에이티브 디렉터/컨텍스트 디자이너

1978

이재훈

여러 사람이 모이면 늘 공정을 지향하지만 때로는 공정함을 방해하는 세력도 있는 것 같아요. 그러나 아직까지 온정주의 문화는 곳곳에 남는 것도 같아요.

왜 공정이 어려울까요? 상대적이기 때문에.

김윤하 1981 대중음악평론가

'공정'이 시대정신이 된 지금을 떠올릴 때마다 마음 한쪽이 쓸쓸해진다. 어차피 이루어지지 않을 허황한 바람을 말할 때조차 '사랑'도, '평화'도, '행복'도 아닌 '공정'을 찾는 사람들이라니. 이는 그만큼 '공정하지 않은 현실'에 분노하고 상대적 박탈감을 느끼는 사람들이 많다는 뜻이자, 동시에 이 사회가 '공정'을 찾기 힘든 상태라는 뜻일 것이다. 인류의 오랜 역사를 참고로, 같은 세대의 대다수가 목 놓아 부르는 건 대부분 그 시대에 꼭 필요하지만 존재하지 않는 신기루 같은 가치들이었으니 말이다. 여기에 슬픈 현실을 하나 더 말할까. 그렇게 많은 이들이 절대가치처럼 찾아 헤매는 공정의 화살표가 실제로 공정을 가리키지도 않는다는 점이다. '공정' 안에는 공평함과 올바름, 두 가지의 가치가 존재한다. 지금 두 주먹 불끈 쥐고 공정을 외치는 사람들 가운데 평등이나 정의를 바라는 이가 얼마나 있을까. 그들이 주장하는 공정은 오로지 '나'에 초점을 맞춘다. 상대가 누구든 어떤 페널티가 있든 나는 손해 보지 않을 공정, 내가 들인 노력에 대해 내가 만족할 만큼의 결과가 보장되어야만 한다는 공정, 남의 사정은 알 바 아니고 나만 잘 먹고 잘살면 그만인 공정. 개인주의라는 이름으로 그럴듯하게 포장된 공정이 주는 공허한 울림이 매일 아침 지구를 굴린다. 해가 뜨고, 또 진다. 가난하고 메마른 시대에 두 눈이 뻑뻑해진다.

마이페이보릿 대표

1980

신현이

공정의 시대. 공정이라는 가치가 최우선으로 고려되기 시작하면서부터 공정은 가장 맵섭고, 가끔은 가혹하며, 어쩌면 가장 두려운 잣대가 되어 버렸다. 모두에게 여유라는 가치가 사치가 돼 버리다 보니 삶이 좀 팍팍하더라도 모두에게 동일한 잣대가 주어지는 공정의 가치만 성립된다면 나의 손해도, 남의 불행도 인정하고 넘어갈 수 있다는 분위기가 지배적이 됐다. 그래서 오히려 공정의 이면을 더 생각해보게 된다. 대부분이 납득할 수 있는 공정의 가치를 지키기 위해, 피해를 보거나 감수해야 했던 것들. 그렇게 감수해야만 했던 일들이 과연 공정의 가치보다 못한 가치였나를 따져본다면 적어도 모든 경우가 그렇지는 않을 것이다. 평등이라는 가치가 그런 것처럼, 공정이라는 가치 역시 모든 경우 정답이 아닐 수 있다는 것만 잊지 않는다면, 조금 더 시간이 걸리는 지루한 설득과 이견의 과정을 감수하면서라도 해야만 하는 일들을 두려움에 포기하는 일은 줄어들 것이다. 공정이 우선이 된 시대정신은 충분히 이해할 수 있고, 피할 수도 없다. 하지만 그럴수록 조금씩 손해 보는 삶에 대해서도 생각해본다. 결국 누군가의 손해나 양보가 아니면 이 시대는 스스로 끝을 낼 수 없을 테니까.

김의호 1992 자전거 메신저

공정이란 모두에게 평등하고 동일한 조건이 주어지는 것이라기보다는 각자의 상황이나 능력, 역량 등과 같은 다방면의 사항들을 고려해서 모두에게 적합한/타당한 보상/평가가 이루어지는 것이라고 생각합니다.

최근 들어 전 세계적으로 발생하는 성차별/젠더 이슈 현상들에 관해 지식이 부족하다 싶어 조사를 하던 중에 다양한 배경의 사람들이 한 연설이나 토론, 인터뷰를 듣게 되었습니다.

> 아직 제 생각/입장이 어떻다고 주장할 수 있을 만큼 조사를 하지는 못했지만, 무엇보다 많이 느낀 것은 '공정'에 관해 토론을 할 때, 이성과 논리를 가지고 이야기를 하느냐 감정을 가지고 이야기하느냐에 따라 차이가 있다는 점이었습니다. 가장 객관적인 단위에서 논의를 하고 판단을 내려야 진정한 공정이 아닌가 싶은데, 감정으로 접근하는 사람들이 있는 듯하더군요.

제가 하는 자전거 메신저라는 일 또한, 한국에서는 최초이지만, 서양권에서는 수십 년간 있어왔고, 현재도 나라별, 도시별로 회사 형태가 아닌 협동조합(Collective)의 형태로 움직이는 메신저 단체들이 많습니다. 깊이 조사해보지는 못해서 정확한 이유는 아직 모르겠지만, 그들도 늘 '공정'이라는 단어를 사용하고, 조합의 모든 개개인이 기여하는 만큼 보상을 받고 조합 내 운영의 권한을 가지게 되는 제도인 것 같더군요. 추측일 뿐, 정확한 사실인지는 모르겠습니다.

디자인 스튜디오 운영자

1975

어현석

사회적, 정치적으로 공정은 큰 이슈로 자리하고 있는 것처럼 보입니다. 공정하지 못한 일을 하고선 속이 비치는 종이로 가리려고 하는 모습들이 할 말을 잃게 만들 때가 많습니다.

20대 때 대형 외국계 레코드점에서 파트타이머로 일한 경험이 있는데, 시간당 페이가 그 당시로서도 매우 적은 금액이었지만 레코드점에서 일을 해본다는 즐거움이 더 컸기에 금액과는 관계없이 지원하여 일을 해보게 되었습니다. 음악을 좋아하는 사람들끼리 모여서 일하는 곳이어서, 그 안에서만 경험하게 되는 즐거움이 있었고 다양한 뮤지션들의 아트워크가 담긴 음반들을 보는 것만으로도 많은 영감을 받기도 했어요.

한 달이 지나고 급여일이 왔지만 급여는 나오지 않았습니다. 처음 겪어보는 상황이었고 이렇게 큰 회사에서? 이렇게 손님이 많은데? 의문이 들었지만, 왠지 당시에는 그냥 상황이 그런가보다 그렇게 받아들였던 기억이 납니다. 다른 시간대에 이전부터 일하고 있던 아르바이트 친구에게 이 상황을 얘기하니 두 달 정도는 밀려서 나올 거라는 말을 듣게 되었습니다.

> 두 달째 급여일이 되었고 역시 급여가 나오지 않았습니다.

> 세 달째 급여일이 되었고, 첫 번째 달에 일했던 급여가 나왔습니다.

그 이후로는 매달 급여가 나왔습니다. 두 달이 밀려 있었지만 매달 나오니까 왠지 정상화가 된 듯한 이상한 기분이 들었습니다. 1년 가까이 그곳에서 일을 했고 일을 그만두고 두 달이 지나서까지 급여가 들어왔습니다. 누락되지 않고 다 들어와서 다행이라는 생각만 했었습니다.

> 이후 오래되지 않아서 그 레코드점이 폐점을 한 걸 보았습니다. 듣기로는 엄청난 매출을 기록했던 곳이었는데, 모 회사의 계열사 운영난으로 오래지 않아서 결국 한국에서 완전히 폐업을 하게 되었습니다.

돌이켜 보면 스스로 그 상황을 받아들이면서 불만을 크게 갖지는 않았고, 내가 항의하면 급여는 제때 받았을 수도 있었겠지만 같이 일하는 다른 아르바이트나 직원들도 다 같은 상황이니까 오히려 이 상황이 공정한 것인가라고 생각을 했던 것 같아요. 오랜 시간이 지난 지금의 나는 같은 상황에서 어떻게 했을까 생각해봤는데 정답은 잘 모르겠습니다.

Sandy 1995 MD

공정은 누구나 수긍할 수 있는 상태라고 생각한다.

> 예를 들어 영업직에게 매출은 경쟁이며 영업 실력을 객관적으로 나타내는 지표이기 때문에 성적표가 될 수밖에 없다.

사원 A와 B가 10월 매출에 따라 승진 여부가 결정된다고 하자. A는 1000만원, B가 500만원의 매출을 달성하여 A가 사원에서 대리로 승진했다. 이 상황에서 A의 승진은 공정하다고 할 수 있다.

> 하지만 알고 보니 A와 평소에 친했던 X 대리가 본인이 갖고 있던 거래처를 내주어 A가 매출을 달성했다고 하자. 이 사실을 알기 전까지 A의 승진이 공정했다고 느꼈겠지만, 사실이 밝혀진다면 다른 직원들은 A의 승진이 공정하다고 인정하기 어렵다.

일부는 인맥도 실력이라고 할 수 있지만, 다른 이는 동일한 상황에서의 실력만을 판단해야 된다며 '공정함'에 의문을 가질 수 있다. 상황마다 다른 잣대를 대는 것이 오히려 공정할 때가 있다.

> 공정이란 누구나 인정하고 고개를 끄덕이고 수긍할 수 있을 때 가능하지 않을까.

대학생/인턴

1997

JUICY

- 공정하지 않은 성적 평가(ex. 교수님 재량 평가 등)

- 팀플(누구는 양보를 해야 되고, 더 노력함에도 다른 팀원들과 함께 팀플을 해야 할 때_팀플인데 공정하지 않다는 것이 근본적인 문제임. 팀플에서 노력하고 성장하는 것은 중요하지만 그렇다고 해서 내 노력으로 타인에게 좋은 결과를 줄 필요도, 타인의 불성실로 내 노력의 결과가 깎일 필요도 없다. 타인의 불성실로 내가 한 노력의 결과가 깎여 노력만큼의 결과를 못 얻는다면, 비판받아야 마땅하고 욕 먹을 만하다 생각함.)

- 불공정한 인생(삼신 할머니 랜덤 덕에 부모 잘 만나 돈 걱정하지 않는 삶)

- 동북공정(걍 생각이 나서 씀. P.S. 중국 싫어요.)

- 족보(족보 싫어요. 공정하지 않습니다.)

자영업자(카페 운영)

1992

고향을 떠나 타지로 온 뒤 여러 직종을 전전하면서 공정, 즉 공평하고 올바름에 대해 많은 생각을 하게 되었습니다. 스스로 깨달은 것이 아니라, 그럴 수밖에 없는 상황에서 강제된 생각이라 저에게 공정은 항상 스트레스였습니다. 현재 작은 카페를 운영하며 매일 다양한 사람들을 접하며 하루를 보내는데, 항상 저는 불공정에 노출되어 있음을 깊이 느끼고 있습니다. 현재 저에게 공정이란 물질적, 물리적, 감정적으로 모든 상황에서 수지타산이 맞는 관계라고 생각합니다. 가게를 운영하다보면 배려를 담아 건네는 친절과는 반대로 불합리한 요구나 말이 돌아오는 경우가 많습니다.

강평역

또 공간이 있으니 절친한 친구들이 공간을 자유롭게 쓸 때도 많은데, 가끔은 공간의 시설을 너무 가볍게 사용해 문제가 생길 때도 있습니다. 이런 상황이 벌어진 뒤에는 그 순간의 불편함과 분노로 끝나는 게 아니라 짧게는 하루, 길게는 다음날까지 생활 리듬을 망치게 됩니다. 저는 저들에 의해서 영문도 모른 채 하루를 망치는데, 저들은 일상을 평온히 보내는 것. 저는 이런 수지 타산이 어긋난 상황을 견디지 못해, 끝내 사과 한마디라도 받아내 저들에게도 불편함을 돌려주고 있습니다.

이렇게 요즘 저에게 공정은 수지 타산이 맞는 상황과 관계들입니다. 이런 생각이 지속되는 상황에서 주변을 둘러보니 결국 서로가 원하고 요구할 때 수지 타산이 어긋나는 것 때문에 불공정이 생긴다는 단순한 메커니즘을 파악하게 되었습니다. 그렇기에 서로의 기준이 달라도 구조를 이해하면, 공감해줄 수 있는 자세가 이루어지지 않을까 합니다. 결국 사회도 개인이 이루는 그물이기에, 공정은 생각보다 가까이, 단순하게 있음을 느끼고 서로를 배려하고 받아들인다면, 개인에서 사회로 퍼지지 않을까 생각합니다.

브라키오사우루스 1973 자영업자

제법 오래 다녔던 직장에서의 이야기를 해볼게요. 다니면 다닐수록 '공정'과 같은 단어는 비밀스러운 이야기가 되는 곳이었습니다. 처음엔 입으로라도 공정을 말하지만, 문제가 생기기 시작하면 원래도 공정하지 않았던 회사는 더욱더 쉬운 방법을 찾습니다. 모든 사람들에게 공정하게 대하는 것보다 (불공정하더라도) 말 잘 듣고 남의 감정 따위는 읽지 못하는 사람들에게 이익을 (쬐끔) 몰아주기 시작합니다. 이때부터 남은 사람들에게는 더 많은 불공정이 시작되고 '내 말을 잘 듣는다면 너도 어쩌면 (쬐쬐끔) 나눠줄 수 있어'라는 메시지를 시전합니다. 또 그렇게 설득되는 사람들은 당분간 그 말에 솔깃하며 이런저런 일들을 하게 되고 새로운 대체재가 생기면 쉽게 버려집니다. 이런 상황이 지속되면 회사는 언제나 새로운 사람들로 채워집니다. 더 복종을 잘하는 사람을 찾아 더 어려운 상황의 회사에서 사람들을 데려온 덕분에 더 싼값으로 회사를 유지하면서 몇몇의 이익만 유지되는 구조가 되어갑니다. 지금은 공정을 말하지만, 공정하지 않은 사람들의 세상이죠. 불공정이 공정하다고 거짓말하는 게 너무 쉬워졌습니다. 공정을 바라는 게 Hope보다 Wish에 가깝다고 생각합니다. 공정이 세상에 존재했던 적이 있었을까요? 공정은 공룡 :)

홍태식 1992 매니지먼트 A&R

공정,
공정하다,
공평하다.

먼저 나 스스로 단어에 대한 정의를 내리고 싶은데, 본인은 작업자인 상황에도 놓이고, 작업을 의뢰하게 되는 상황에도 있다. 그래서 양쪽 상황을 알고 두 가지 심정도 동시에 가지고 있는 사람이다. 어떤 프로젝트를 시작할 때 먼저 양쪽 다 공정한가에 대한 질문부터 던지게 된다. 적당한 금액을 지불하였는가, 서로에게 도움이 되는 작업인가, 누군가에게 에너지가 치우쳐 있는 작업은 아닌가. 상황의 공정함을 느낄 때 결과물에 대한 만족도나 작업이 끝난 뒤 관계 또한 유지될 수 있다고 생각한다. 그만큼 공정한 것은 모든 상황에 출발점이 된다고 생각한다.

이것이 나에게 '공정'이라는 단어가 주어졌을 때 가장 먼저 떠오른 정의였다. 그리고 그 다음으로 '나는 공정한 사람인가'라는 질문을 스스로 던지게 되었다. 정답은 '아니다'였다. 속상하게도 앞서 공정에 대한 정의를 스스로 적당히 내렸다고 생각했는데, 나도 실제로는 쉽게 지켜지지 않는다. '어쩔 수 없다'는 말은 쉽게 쓰고 싶지 않지만, 상황이 주어졌을 때 나의 이득을 먼저 챙기는 것이 습관이 되어 버린 것 같기도 하다. 위의 설명처럼 지켜지지 않을 시, 관계가 유지되지 않은 경우도 많이 경험하게 된다.

공정이란 단어에 대해 생각해보았고 내 삶에 어떻게 스며들어 있는지도 알 수 있었다. 또한 나에게 '공정'이란 단어는 사람 간 관계로 많이 녹아져 있다는 것을 알게 되었다. 비로소 공정한 사람, 공평한 사람이라는 단어를 쉽게 쓸 수 없다는 것도 새삼 느끼게 된다.

뮤직/컨텐츠 디렉터

1986

살면서 공정이라는 단어를 과연 얼마나 곁에 두고 살았나 곰곰이 생각해보니, 생각보다 꽤나 멀리 있는 것 같아 흠칫 놀랐다. 누구도 부정할 수 없을 만큼 당연한 것임에도 내가 마주한 삶의 무수한 순간들에 과연 공정이 얼마나 자주 존재했는가 곱씹어본다면 그렇지 않은 순간들이, 그러니까 불공정의 순간들이 더 많았다는 것만큼은 확실해진다.

어린 시절 학급에서, 사회로 나가는 과정에서, 일터의 순간순간에서 나는 얼마나 무수한 불공정을 마주했던가. 그래서일까. 그 단어는 항상 어렵고 고상하여 먼발치에서 애처롭게 바라만 봐야 하는 것처럼 느껴졌다. 사랑보다 닿기 어렵고 존경보다 올라서기 험난한 위치에 있어 삶의 많은 순간에서 나는 되레 공정하기를 포기하지는 않았나… 생각해본다.

박다혜

전에 런던에 잠깐 거주했을 때 런던 사람들은 대화를 할 때 사람의 외모나 조건에 대한 개인적인 생각을 말하지 않는다는 사실을 깨닫고 놀란 적이 있었다. 그것을 입 밖으로 꺼내 대화의 주제로 놓고 떠드는 것이 얼마나 몰상식한 것인지 모두 알고 있기 때문이었다. 작은 것일지라도 옳지 않은 것을 명확히 알고 있는 것. 그래서 그 옳지 않은 것이, 당연하고 자연스럽게 흘러가도록 두지 않는 것, 그것이 변화의 시작임을 그때 알게 되었다.

공정하지 않은 것을 명확히 구분하는 것. 그래서 불공정이 당연하고 자연스럽게 흘러가도록 두지 않는 것이 어쩌면 내겐 가장 중요하지 않을까. 신기루 같은 공정을 하염없이 기다리는 것이 아니라 나를 둘러싼 미세한 불공정들을 하나씩 찾아내는 작업 말이다.

거기서부터 다시 시작해야겠다. 공정을 위한 불공정 찾기.

주부

1971

윤신혜

어떠한 선택과 평가의 상황에 맞닥뜨렸을 때 그 결과가 합당한 처분이라고 공감하고 받아들일 수 있다면 그것은 공정한 것이라고 생각합니다. '공정'이라는 단어는 너무나 정의롭고 당연하며 누구에게나 적용되는 보편타당한 것이어야 하는데 사실 우리 사회에서는 기득권자가 되면 '공정'이라는 잣대가 제대로 지켜지지 않는 경우가 다반사입니다. '공정'이 제대로 지켜지고 행사되기 위해서는 우리 시민들의 사회 전반에 대한 지속적인 관심과 성찰이 꼭 필요하다고 생각합니다.

회사원

1983

이명

공정에 대한 생각을 얘기하려다보니 애매모호한 부분, 생각이 미처 정리되지 않은 부분 등이 있어, 불공정에 대해 생각해보고 불공정하지 않다면 공정한 것 아니겠는가라는 생각을 해봅니다. 제가 생각하는 불공정은 (사회적으로) 약속된 원인과 결과 이외에 다른 요건에 의해 결과가 바뀌게 되는 경우가 아닐까 생각됩니다. 예를 들어 아버지의 영향력으로 어느 시험이나 테스트에 합격한다든지, 같은 실수를 저질렀음에도 사람이나 배경에 따라 다른 결과가 나온다든지(누구는 부모님이 누구라서 음주운전을 해도 처벌받지 않는 경우 등). (운전 중) 막히는 길에 뒤에서부터 줄을 서서 기다리는데 누군가가 중간에 끼어든다든지. 이러한 불공정한 상황이 지속되고 개선되지 않는다면, 사회구성원의 약속에 대한 인식이 점점 흐려지고 나아가 심할 경우 무법시대로 돌아갈 수도 있다고 생각합니다. 제가 생각하는 공정은, 사회적인 약속을 믿고 따랐을 때, 기대하는 결과가 나오는 것이라고 생각합니다.

이윤정   1976   뮤지션/첼로 교육자

'공정'이라… 시대마다 지역마다 부딪혔던 사람들과의 교류마다 달라졌던 게 아닐까 한다. 사실 애초부터 '공정'이라는 말은 상대적으로 작용해왔겠지만, 누구나 내 입장에서 생각하는 '공정'은 거의 매번 잘 이루어지지 않기 때문에. 어떤 정치가의 자녀가 무언가 잘되고 있으면 불공정이 되기도 하고, 어떤 정치가의 자녀가 무언가 잘 안 되고 있으면 불공정이 되기도 하기 때문이다. 이것은 그냥 내 생각이다. 영국으로 유학을 가 있던 내 친구는 늘 인종차별을 겪는다며 불만을 토로했다. 그는 늘 자신의 실력보다 피부색이 자신의 점수를 깎아내렸다고 이야기했고, 클럽을 다녀오는 새벽길에 흑인과 어깨가 부딪혀 위험했다고도 했다. 우리는 너울거리는 불공정의 세계에 살며 늘 '공정'을 외쳐왔다. 사실 나는 억울한 것을 잘 못 참고 꼭 돌려줘야 하는 성향인데, 이런 나에게 또 다른 어떤 친구가 이렇게 이야기한 적이 있다. "공정과 공평은 애초에 없다. 그렇기 때문에 그 단어가 만들어진 것이다. 우리는 끊임없이 공정을 갈구하며 살겠지만, 이는 시소처럼 나에게 공정이 주어질 때 다른 누군가에게 불공정이 생길 것이다."라고. 마치 저주처럼. 나는 노발대발하며 "부정적인 그런 태도가 너를 불공정의 세계로 이끈 것이다!"라고 했다. 하지만 계속 생각이 난다. 이런 말을 하는 나를 보면서 또 누군가 생각할 것 같다. 네가 무슨 공정을 논하느냐고. 어두운 고속도로에서 속도를 정확히 맞추며 주행하는 중에 음주, 과속, 역주행 하는 차량이 들이받아 나는 죽고 그 사람은 멀쩡한 것이 인생이기도 하다. 공정이 있다면 공정하게 모든 순간에 공정하여라.

게스트하우스 운영자

1993

아마 조금 뜬금없는 이야기의 시작일지도 모르겠지만, 사주를 보러 갔던 그날의 작은 기억이 떠올라 적어보겠습니다.

사주 선생님과 직업을 주제로 한참 대화를 나누다, 업무를 분담하는 데에 있어서도 각자 사람의 성격에 따라 다를 수 있다며 "아마도 너는 상사가 다른 동료들에게 10씩 전해라 할지라도 동료들이 업무를 임하는 태도나 결과를 보고 어떤 이에겐 7 어떤 이에겐 13 이렇게 나눠줄 것이다. 그런데 그것도 어떻게 보면 공정 아닌 공정일 것이다."라고 하시더라고요.

서른셋

저는 이날 공정이란 말에 대해 다시 짚어봤던 것 같아요.

생각해보니 여러 직장에서 일을 해오면서 느꼈던 것이 있는데, 같은 조건에 같은 업무를 맡아 하는데도 하는 사람 의지에 따라 업무량이 달라질 수도 있구나, 그러면 나는 보통 다들 생각하는 공정의 뜻 그대로의 공정을 좋아하는 편이 아니었네… 라고.

조금은 무거웠을 수도 있으니 가벼운 저의 경험담도 짧게 적어보겠습니다. 저는 몇 년 전 토스트를 파는 작은 푸드트럭을 운영했습니다. 메뉴에 스위트콘 추가가 500원이었는데, 최대한 모든 손님에게 스위트콘을 탈탈ㄹㄹ탈타탈ㄹ 털어드렸지만, 저를 가볍게 생각하고 불친절했던 손님에게는 탈탈 털어 주었습니다.

사람은 때에 따라 치사해질 수도 있고, 그것을 합리화하는 것은 그다지 어렵지 않은 일이라 생각합니다. 각자의 소신을 적고 말하는 것에 있어서 너무 어렵게만 생각하지 않으셨으면 좋겠어요. 어쩌면 누군가는 조금 불편해 할 수도 있지만 저를 보세요. 어설프지만 자유롭게 저를 이야기하잖아요!

포토그래퍼

1995

나경인

무의식 중에 선입견이 있었을까. 가장 가까운 가족들을 담담하게 바라보는 맑은 영혼의 기록.

영상 디렉터

1995

Ourpigman

내가 생각하는 공정이란, 정확한 수치로써 이루어지는 것이 아니라, 서로의 잣대가 일치하여 서로를 존중해줄 수 있을 때 이루어지는 것이라고 생각합니다. 예를 들어, 계란의 노른자와 흰자를 정확히 반반 나누어 갖는 것이 수치로서 공정이라 하면, 서로의 생각이 달라 한 사람은 노른자, 다른 한 사람은 흰자를 원하게 되어 그렇게 나눌 수 있는 상황이 제가 생각하는 공정입니다. 분명 숫자와 수치로써 공정을 매길 수 있겠지만, 정확한 기준점 없이 생각이 일치하지 않아도, 생각의 불일치 속에서 타협점이 일치한다면, 그 또한 공정이라 생각합니다.

김한나 1988 회사원

윤리적인 공평함

회사원

사회적 또는 개인적인 문제가 발생했을 시,

1980

제시카

누구나 공평하게 보호받거나 문제를 해결해야 한다.

외부적 힘이 작용되는 경우가 허다하지만 누구나 공정하게 보호받을 권리가 있고,

대학 교수

1980

서재희

공평하고 올바름이라는 사전적 의미를 갖지만, 포퓰리즘에 있어 가장 많이 그리고 먼저 사용되는 힘을 가진 단어 같다. 사람들의 마음을 모으고 선동하기에 힘과 매력을 가진 두 글자. 때문에 사회적으로 위, 아래 그 어느 곳에도 속하지 않고 중간 계층 언저리를 부표하는 사람인 나에게 이 글자는 여러 가지 의미로 쓴 웃음을 자아낸다. 모든 일은 상대적인 것이다. 누군가의 공정은 누군가에게 편파로 느껴질 수 있다. 중립에 서서 옳음을 지키기란 여간 쉽지 않다. 때문에 공정이란… 나에게 현실에서 어려운, 그렇기 때문에 갈망하는 이상적인 말이다.

디자이너

1981

Stitch

조금 공정하지 않아도
상식적인
공감할 수 있는 선에서
공정하자는 마음

사염가

1975

Mr. Grown Up

'무지개' 같은 존재? 분명히 존재하고 세상을 아름답게 만들어주지만, 지금의 우리 시대에 진정으로 접하기 힘든…?!

임인국   1982   회사원

누구나 똑같은 상황에서 출발할 수가 없다. 누군가는 넘어질 수도 있고 다른 길로 갈 수도 있다. 획일적인 길은 존재하지 않는다. 모두가 결승점을 통과할 수 없다. 그 결승점도 사람마다 다를진대 모두에게 같은 결승점을 향해 뛰라고 할 수도 없다. 똑같은 출발선에 서서 출발하는 것이 공정이라고 이야기한다면 나는 거기에 동의할 수 없을 것 같다.

혹자는 누구는 버스를 타고 가고 누구는 비행기를 타고 가면 불공정하지 않느냐고 하지만 그것 또한 불공정이라기보단 그 사람의 상황이고 그 사람의 능력이라고 생각한다. 물론 불법적인, 혹은 누군가는 절대 누릴 수 없는 것을 누리는 것에 그럴 수 있지…라고 말하는 것은 아니고, 걸어가지 않고 비행기를 타고 갈 수 있는 것도 하나의 능력치이지 않는가? 그 사람들은 비행기를 탈 수 있는 상황이 왔을 때 타지 않을 것인가? 누구나 타고 싶어 하는데 타지 못하니 억울한 것은 아닌가? 모두에게 공평하게 기회가 주어진다는 것이 공정이지 모두가 공평하게 출발하고 모두가 공평한 속도로 가는 것이 공정이라고 말한다면 난 반기를 들어서 아니다…라고 이야기하고 싶다.

카우카우

1980

회사원

불합리하지 않은
것

최선호 1972 스포츠 멘탈 코치

공정하려 하면 할수록
불공정해지는 것.

공정하려 하면 할수록
불평이 높아지는 것.

그럼에도 불구하고
반드시 그러해야 하는 것.

장원석 1980 포토그래퍼

회사원

1986

사회라는 범위 안에서 모두에게 공평하다고 생각되는 것. 두 사람을 두고 싶을 때 시작점이 같은 상황에서 동일하게 주어지는 기회.

자영업자

1979

JS

공정해야 한다는 말은 여기저기 울려대지만,

어느 분야에서나 지켜지지 않는 허울 좋은 소리일 뿐이다.

회사원

1981

학생

나이를 먹을수록 더 모르겠다. 아마도 그 반대의 상황이나 사회에 더 익숙해서 그런 듯도. 공정함이 우선이라고 언급하는 사람마저도 처음부터 믿음이 가지 않는다. 요즘 사람들은 불공정은 그냥 저냥 지나치지만 불이익에는 폭발적으로 반응하는 듯.

주부

1981

bebebe

태어나면서부터

        각자의 환경이 다 달라

                시작점이 다른데,

과연 모두가 공정하다고

      인정할 만한 것이

              많아지는 사회라는 게

    올 수 있을지

           궁금하다.

주부

1979

이지현

다름과 차이를 이해하고 인정하는 것에서 시작하는 정의와 평등.

대문자 제이   1978   광고기획자

학력, 성별, 인종에 관계없이 모두가 평등하게 기회를 받을 수 있는 것.

캐스피 1982 회사원

출발선은 다를 수 있어도 결승선의 기준은 동일한 것대일 것.

회사원

1979

곰곰아빠

공정이라 함은 어떤 누구든지 동일한 잣대로 평가되는 것이라고 생각합니다.

마케터

생각해본 적이 없어서 잘은 모르겠지만…

1992

김유정

지금 사회가 공정하지 않다고 생각한다.

너무 정치적인가? 근데 정말 그렇다.

나쁜 사람은 잘되고, 착한 사람은 안된다.

제미란   1964   예술가

공정의 다른 의미는 정의입니다. 카뮈의 희곡 <정의의 사람들>은 러시아 혁명기 테러리스트들의 절박한 고뇌를 묘사하고 있습니다. 주인공 칼리아예프는 자신이 정의라고 믿는 대의를 위해 타인의 생명을 빼앗게 되지만 스스로의 생명으로 대가를 치름으로써 정의에 따르는 마땅한 책임을 다합니다.

나의 허물은 덮고 법과 원칙을 들이대는 선택적 공정의 시대에, 사면을 거부하고 의연히 형장으로 향하던 칼리아예프의 모습은 종소리처럼 크게 우리의 가슴을 울립니다.

마케터

1979

한인희

정의롭고 평등하다는 정의는 누구를 기준으로 하여 출발할 것인가.

분명 대상이 아닌데도 본인을 공정의 수혜자 범주에 넣는 사람들로 인해 의미와 본질이 훼손되고 있다. 심지어 본인이 이기적인 잣대로 우기고 있다는 인식조차 없이 자신의 정의로움과 평등함을 과시하고 있지 않은가. 자신은 기울어진 운동장 위에 있다고 생각하지 않는 모두가 우스꽝스러운 대한민국을 만들어내고 있다.

프리랜서

1988

임꺽정 힐 들어간다

모두에게 주어진 자유와 법규, 규칙 안에서 우선 자신을 돌아보며 서로를, 서로의 노력을 존중하며 어느 한쪽으로 치우치지 않는 삶이 진정한 공정이 아닐까 합니다.

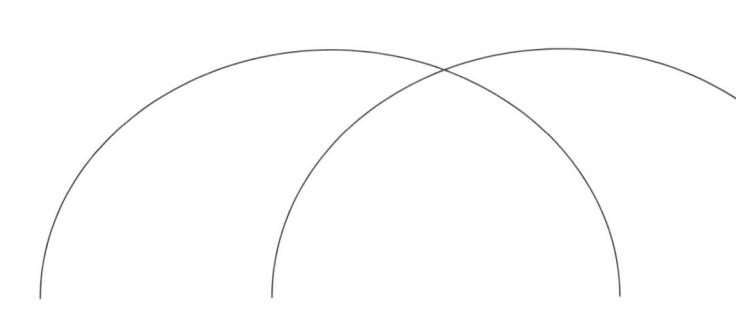

'공정'을 말하라면 너무나 많은 내용을 담아야 하지만 '불공정'을 말하라고 한다면 지금 현재 정치판! 이거면 설명이 될 듯합니다.

최원빈 1992 뮤지션

공정하다는 것은 어느 한쪽으로 치우치지 않고 똑같이 나누는 게 아닐까요?

제가 생각하는 똑같이 나눈다는 것은 공산주의적 관점으로 모든 걸 똑같이 나눈다기보다는 사람마다 타고난 특성과 기질이 전부 다 다르기에 각기 계층에서 필요한 만큼 나눈다는 뜻에 좀 더 가까운 것 같습니다. 예를 들어 식사할 때에 몸무게에 따라 양을 맞춰서 필요한 만큼 나눠주는 것이 공정이라고 생각합니다. 부자들이 세금을 더 많이 내는 것과 같은 이치가 아닐까요?

수수료 1966 요리사

'공정'이라는 단어는 현재 대한민국에서 가장 많이 회자되고 있다고 해도 과언이 아닐 것이다. 민주주의 국가의 국민이라고 믿고 있는 우리에게 정의, 평등과 함께 공정이란 단어가 각계 각층의 주관적인 해석에 따른 왜곡된 주장으로 넘쳐난다는 것이 아이러니할 뿐이다.

외로운 이들이 사랑을 외치고, 불행할수록 행복을 찾는다.

내가 실천하기 힘든 것을 상대에게 강요하지 않는다면, 어쩌면 주관적일 수 있는 공정이라는 의미를 매번 따지지 않더라도 더불어 살아갈 만한 세상이 되지 않을까.

| 전효원 | 1975 | 작가 |

공정의 키워드는 '타인'과 '공감'이라고 생각해요. 나의 사연, 나의 입장에서 주장하는 공정함은 이기적인 욕심이 개입할 여지가 많아요. 인간은 나와는 무관한 타인의 입장에서 생각할 때, 다시 말해 그가 공정한 대우를 받는 것이 나에게 어떠한 이익도 손해도 가져오지 않을 때라야 진실된 공정함을 떠올리게 되니까요. 하지만 다들 자기 시선에서 자기 몫의 공정만 주장하니 문제죠. 공정한 사회를 방해하는 또 하나의 요인은 무관심에서 기인한 공감의 부재입니다. 이기적인 욕심 때문만이 아니라, 타인의 입장에서 생각해볼 능력 자체가 부족한 거예요. 청소 노동자들의 어려운 현실에 무관심하고 처우 개선의 필요성에 공감을 못하기 때문에 "최저 시급을 주고 있으니 공정한 것 아니냐"고 주장을 하는 거죠. 부디 저와 함께 이 시대를 사는 일행들이 조금만 더 주위를 돌아보고 주변의 소리에 귀를 기울여 보다 공정한 사회가 되

길

기

원

합

니

다.

Thanks to

강병역
고사리
곰곰아빠
김유정
김윤하
김은경
김의호
김한나
김호준
나경인
단
대문자 제이
맹가이버
명학
무본, 본립이도생
문신애
박다혜
박민하
보통의 사람
브라키오사우루스
서른살
서재희
소동호
송인호
수수로
신명주
신현이
엄현철
에몬
오승열
오현석

유별	bebebe
윤신해	JS
윤은희	JUICY
이난수	Mr. Grown Up
이랑	November
이상민	Ourpigman
이영훈	SAM
이윤정	Sandy
이재훈	Stitch
이정은	T
이준용	
이지현	
익명	
임인국	
입벌려 힐 들어간다	
장원석	
전효원	
정지혜	
제미란	
제시카	
조예진	
진문희	
최선호	
최원빈	
카우카우	
캐스퍼	
ㅎㅅㅎ	
하박국	
한상철	
홍재목	
홍태식	

이 책은 '을유1945' 서체를 사용했습니다.